ÉLOGE

DE

MONSIEUR BOUBÉE

CHANOINE DE LA MÉTROPOLE

DIRECTEUR AU PETIT-SÉMINAIRE

PRONONCÉ PAR

M. L'ABBÉ CAMPISTRON

Chanoine honoraire de la Métropole, Professeur de Philosophie au Petit-Séminaire

AU

SERVICE FUNÈBRE

Célébré le Jeudi 19 Janvier

DANS LA CHAPELLE DU PETIT-SÉMINAIRE

AUCH

IMPRIMERIE AUSCITAINE, A. THIBAULT

—

1888

ÉLOGE

MONSIEUR BOUBÉE

CHANOINE DE LA MÉTROPOLE

DIRECTEUR AU PETIT-SÉMINAIRE

> *Pietas ad omnia utilis est, promissionem
> habens vitæ quæ nunc est et futuræ.*
> La piété est utile à tous ; elle a les pro-
> messes de la vie présente comme de la
> vie future.   (I. Tim. IV, 8.)

Monseigneur,
Messieurs,

Je sens vivement ce qui me manque pour louer, comme il convient, le regretté Directeur qui est l'objet de cette cérémonie funèbre. Il semble que l'un de ces prêtres distingués qui furent, avant moi, d'abord les élèves et, plus tard, les collaborateurs de ce maître vénéré, aurait retracé avec plus d'intérêt cette longue existence consacrée tout entière aux labeurs de l'enseignement et à la sanctification des âmes. Mais on a pensé que, si tant d'autres pouvaient raconter cette édifiante vie avec plus de talent que je ne saurais en déployer, nul ne pouvait étudier cet incomparable modèle avec une émotion plus sincère, une admiration plus profonde et une plus grande piété filiale. J'essaierai donc d'évoquer devant cette assemblée la sainte mémoire de M. l'abbé Boubée, chanoine de la Métropole et directeur de ce Petit-Séminaire. Nous verrons que ce maître de la jeunesse, quelque rôle qu'il ait eu à remplir, soit comme professeur, soit comme directeur des consciences, s'est toujours signalé par une aimable piété, qui a produit des fruits abondants de salut ; *promissionem habens vitæ quæ nunc est et futuræ.*

I

Antoine-Hilarion Boubée naquit en 1806 à Gensac, village voisin de Boulogne, un des chefs-lieux de canton de la Haute-Garonne. Ses premières années s'écoulèrent, dès son bas âge, à Boulogne, où son père, qui était médecin, fixait en ce moment même sa résidence, pour mieux se

prêter aux exigences de sa profession. La famille comptait cinq enfants :
les deux aînés ont rempli d'importantes fonctions, l'un dans l'Université,
l'autre dans l'administration des Contributions indirectes ; le plus jeune,
après avoir achevé ses études de médecine, se disposait à prendre la suc-
cession paternelle, lorsqu'une mort prématurée vint l'arrêter dans sa carrière et briser les espérances qui reposaient sur sa tête. Mais Dieu s'était
réservé sa part, et ce ne fut pas la moins belle ; en effet, des deux enfants
qui restaient, le premier devait embrasser la vie religieuse dans la Société
de Jésus ; le second, moins âgé de deux ans, devait être M. le chanoine
Boubée, dont nous célébrons aujourd'hui la mémoire vénérée. La famille
était bien apparentée, car elle possédait des alliances flatteuses parmi la
noblesse et la haute bourgeoisie de la contrée. Mais elle avait surtout à
cœur de conserver, comme un héritage sacré, ses antiques traditions de
probité, d'honneur et de vertu chrétienne.

De cette génération, il ne reste plus à cette heure que le R. P. Boubée,
et, s'il est permis de la considérer comme un membre de la famille, une
vieille servante qui fut le dévouement même et qui vit encore comme une
vénérable relique de cette époque lointaine. Mais la souche primitive n'a
rien perdu de sa sève vigoureuse ; car M. le chanoine Boubée a laissé, on
le sait, des neveux qui suivent les traces de leurs pères. Ce sont de géné-
reux chrétiens, fortement attachés à la pratique des saintes croyances,
partisans convaincus des grandes causes si délaissées dans nos temps
malheureux, écrivains voués à la défense des vérités sociales et religieu-
ses, dont l'âme est assez haute pour apprécier l'incomparable joie de
souffrir la persécution pour la justice : *Beati qui persecutionem patiuntur
propter justitiam.*

Hilarion Boubée reçut près de ses parents les premières leçons de fran-
çais et de latin ; il vint ensuite achever ses études classiques au Petit-Séminaire d'Auch, dont il suivit les cours en qualité d'externe. Dans sa vie
d'écolier, il se montra, au dire de ceux qui l'ont connu alors, ce qu'il
devait être dans la suite : timide, réservé, discret, retiré des amusements
de son âge dans sa solitaire chambrette, appliqué au travail, d'une régularité parfaite et, par-dessus tout, animé de cette angélique piété qui fut son
caractère dominant. Un témoin autorisé de sa jeunesse, le P. Boubée,
nous écrivait dernièrement : « Comme nous avons passé ensemble nos
vingt ou vingt-deux premières années, j'ai pu l'étudier à loisir. Il est
difficile et même impossible, quand il y a quelque dérèglement dans l'âme,
qu'il n'en transpire quelque chose au dehors. Eh bien ! je puis affirmer,
sans crainte de rien exagérer, que jamais je n'ai entendu une parole incor-
recte sortir de sa bouche. »

Après sa rhétorique, M. Boubée passa au Grand-Séminaire, où il se livra
avec une ardeur soutenue à l'étude de la science sacrée, uniquement sou-
cieux d'acquérir une exacte connaissance du dogme, de la morale et de
l'histoire ecclésiastique, qui étaient comme aujourd'hui la base de l'instruction des jeunes clercs. Avec quel soin d'ailleurs ne s'efforça-t-il pas de
préserver son âme des plus légères atteintes du vice ! On peut dire que,
pour y réussir, il ne négligea rien, ni les lectures de la vie des Saints,
ni les pratiques de la plus tendre dévotion, ni les moyens employés par
les séminaristes les plus fervents.

Son cours de théologie terminé, il fut appelé, n'étant encore que diacre,
comme maître d'études au Petit-Séminaire. C'était le 21 janvier 1829 ;

date mémorable qui s'était gravée dans son âme à côté des meilleurs souvenirs de sa vie. Deux ans après, le 17 juillet, il reçut la prêtrise des mains du cardinal d'Izoard, archevêque d'Auch, et il entra dès ce jour dans l'enseignement proprement dit, où il débuta par la chaire de quatrième ; mais, par vocation, par les qualités de son esprit et de son cœur, il se sentait plutôt destiné à gouverner les âmes ; art difficile et délicat, qu'on a justement nommé l'art des arts : *ars artium, regimen animarum.*

Ce qu'était alors le Petit-Séminaire, Messieurs, nous ne pouvons guère le savoir que par conjecture, ou par le témoignagne des contemporains aujourd'hui, hélas ! bien clair-semés et plus rares peut-être que les feuilles échappées au vent glacé de l'hiver. Mais tout atteste qu'il peut, à bon droit, se glorifier de ses origines et qu'il a eu vraiment son âge d'or. Dès les premières années qui suivirent le rétablissement du culte en France, M. l'abbé Fénasse, cet admirable apôtre dont le diocèse d'Auch doit garder une éternelle mémoire, n'eut rien de plus pressé que de relever les ruines entassées par la tourmente révolutionnaire. Son principal souci fut de ramener la jeunesse cléricale au berceau des études, et d'ouvrir pour elle sous le même toit deux sources vives où elle pouvait puiser, d'un côté aux doctes leçons des lettres et des sciences profanes, de l'autre aux enseignements du dogme catholique et de la morale. Le Petit-Séminaire ne possédait pas encore sa pleine autonomie et n'était pas précisément ce qu'on appelle aujourd'hui un établissement d'instruction secondaire. Mais, Messieurs, quels maîtres et quels élèves dans cette période de préparation ! Les uns, passionnés pour le bien, travaillent avec un infatigable courage, enflammés par l'enthousiasme que suscite en eux la grandeur du but ; les autres, dociles, animés du désir de s'instruire, ardents aux luttes de l'École, acceptent sans réserve la direction de professeurs dont ils aiment les leçons et admirent le dévouement. Du reste, ces riches éléments ne tarderont pas à se coordonner, à s'unir en un tout, à former enfin un corps fortement organisé et plein de vie.

Pendant les vacances de 1838, M. l'abbé Canéto, nommé supérieur du Petit-Séminaire par le cardinal d'Izoard et appelé par le vœu unanime des maîtres, vint à la rentrée scolaire prendre le gouvernement de la Maison. A côté de lui se place M. l'abbé Boubée, déjà chargé depuis deux ans de la direction spirituelle. Ces deux hommes prennent à cœur l'œuvre commune, et, bien que doués d'aptitudes diverses, ils combinent si bien leur action qu'ils forment la Maison à leur image, et lui donnent une physionomie qui reflète les meilleures qualités de leur esprit et de leur âme.

L'un semble né pour exercer le commandement, pour imposer sa volonté par l'irrésistible ascendant de toute sa personne ; l'autre, plus porté à la douceur et à l'indulgence, s'insinue dans les cœurs et les soumet par la persuasion. Le premier, par sa parole magistrale, par son coup d'œil ferme et pénétrant, inspire la crainte ; le second, par son air souriant et son abord facile, éveille la confiance. M. l'abbé Canéto se propose, avant tout, d'établir la régularité par une exacte discipline ; et, pour cela, il réduit les élèves à la rigoureuse observation de la règle, il en punit à propos toutes les infractions, et il ne néglige rien pour rendre plus vif, par des coups bien frappés, le sentiment du devoir ; M. l'abbé Boubée accueille, les bras ouverts et avec sa proverbiale bonté, les écoliers atteints par les inflexibles sévérités du règlement ; à force de bienveillance et de tendresse, il calme les esprits les plus rebelles, et avec l'espérance il fait luire le rayon divin qui dispose au repentir. D'un côté, c'est le maître qni commande et qui dicte des ordres ; d'un autre, c'est l'ami qui conseille et cherche à assouplir la volonté. L'un rappelle à l'enfant l'image de son père ; l'autre lui rappelle celle de sa mère. Telle est donc, Messieurs, cette double influence qui a fait du Petit-Séminaire d'Auch, non pas un collége où l'on se préoccupe uniquement d'établir de fortes études, mais plutôt une admirable école, et mieux encore une famille où se trouvent représentées, au-dessous de l'autorité suprême de Dieu, l'autorité paternelle et l'autorité maternelle ; où l'on s'efforce de cultiver les intelligences pour les éclairer, les cœurs pour en arracher jusqu'aux dernières racines du vice et y faire fleurir les vertus chrétiennes.

Mais, Messieurs, c'est par le détail surtout que nous pourrons mieux connaître l'action salutaire que M. Boubée a exercée sur les élèves et sur les maîtres eux-mêmes. Avec la direction spirituelle, il voulut aussi avoir une part dans l'enseignement ; car il savait bien que la science est un des meilleurs auxiliaires de la piété, et qu'elle aide puissamment le maître à maintenir son ascendant sur son élève. Il y eut, à cette époque, comme une recrudescence de zèle qui poussa les professeurs à explorer les diverses branches des connaissances humaines. Jusque-là, chacun avait dirigé ses études, non d'après ses goûts et ses aptitudes, mais selon les nécessités d'un enseignement qui, rudimentaire au début, se complétait avec le temps, à mesure que les élèves se pressaient plus nombreux autour des chaires. Désormais on se jettera avec une incroyable ardeur dans la voie où l'on se sent porté par son attrait naturel. C'est alors que M. l'abbé Nauziel, non content de transporter ses jeunes rhétoriciens d'un enthousiasme qu'ils n'ont pas encore oublié, prend la lyre en main et se range dans cette pléiade de poètes qui font cortége aux deux plus grands génies de notre siècle. M. l'abbé Canéto se livre avec une sorte de passion à la lecture et à l'interprétation savante des vieux textes, où dormait ensevelie dans la poussière notre histoire locale. M. l'abbé Dupuy se lance à corps perdu dans l'étude de l'histoire naturelle, et l'on sait jusqu'à quel point il a poussé ses investigations et ses travaux, créant pour ainsi dire de toutes pièces la science si peu connue des mollusques. Quant à M. l'abbé Boubée, Messieurs, il se choisit dans le vaste domaine de l'histoire naturelle une part modeste sans doute, mais féconde en résultats pratiques, et il consacra à l'entomologie plusieurs années de patientes recherches et d'observations. Il a publié à l'usage des élèves un *Tableau des ordres et des familles des insectes et leurs caractères*. Il s'était même proposé de compléter ce travail sommaire dans un ouvrage plus étendu dont il n'a cessé de recueillir les matériaux ; mais M. Boubée était de ceux qui en toutes choses cherchent la perfection, et qui, en vue du mieux, ne savent pas se contenter du bien. Cet ouvrage, tant de fois promis, n'a jamais paru. Qu'il nous soit permis de le regretter, car si nous en jugeons par le beau discours qu'il a prononcé à la distribution des prix de 1856, et qui traitait des insectes utiles et nuisibles à notre région, il aurait, sans contredit, rendu de grands services à l'agriculture.

Nul de nous, Messieurs, n'ignore, au demeurant, ce qu'étaient les leçons d'un tel maître. Précis plutôt que brillant, moins théorique que pratique, il avait le don de tenir en éveil la curiosité de son jeune auditoire, en lui montrant ces collections précieuses où s'étalaient, semblables à des rubis et à des émeraudes, ces magnifiques insectes réunis de toutes les parties du monde. Du reste, ce cours offrait un attrait tout particulier dans ces excursions renommées dont l'attente seule occupait toutes les imaginations.

Quels charmants souvenirs nos courses à travers champs ne suscitent-elles pas en nous ! « Sous la conduite d'un maître si aimé, dit M. Léonce Couture, combien d'entomologistes en herbe, en fleur et en graine ont passé par ici pour le malheur des cétoines et des longicornes des bois voisins? Que de papillons de toutes couleurs, piqués sur des casquettes d'écoliers ! Pour beaucoup de mes contemporains, coléoptères et lépidoptères ne sont plus qu'une image confuse dans le tableau fuyant de la vie écoulée. Mais on m'assure qu'il y a dans le pays des entomologistes vraiment dignes de ce nom, des collections fort intéressantes dont le point de départ a été la boîte modeste où un élève de quatrième, pour se délasser des ennuis du rudiment et des racines grecques, rangeait en lignes capricieuses lucanes aux pinces manaçantes, carabes aux élytres d'or, cicindèles aux reflets chatoyants, paons de jour à la frêle et splendide parure. »

Il faut dire enfin, Messieurs, pour revenir à l'idée principale de cet éloge funèbre, que M. l'abbé Boubée ne perdait jamais de vue que toute science doit ramener à Dieu. Nous ne saurions mieux faire que de citer ici, comme une belle profession de foi, ce passage extrait de la préface de son petit livre : «C'est Dieu qui est la vie et qui la donne à tous les êtres ; c'est lui qui a fait et qui conserve les lois qui régissent la force vitale dans les êtres qui en sont doués ; et depuis le brin d'herbe jusqu'au chêne de nos forêts, depuis le plus petit insecte jusqu'à l'éléphant et à la baleine, tous les êtres vivants reçoivent la vie de Dieu et la communiquent : *Omnia ei vivunt*. »

II

Le professeur avait soin de ramener à la pensée de ses élèves le nom béni de Dieu ; mais le directeur des âmes ne perdait aucune occasion de remplir ce qu'il regardait comme un devoir sacré. C'est surtout dans ses fonctions que se révèle cette douce et onctueuse piété qui possède les promesses de la vie présente et celles de la vie future.

N'allez pas croire toutefois, Messieurs, qu'il prenne jamais au milieu des écoliers ces allures mystiques qui les effrayent et en peuvent éloigner quelques-uns. Il est simple, aimable, ordinairement souriant, enjoué même et toujours prêt à accueillir par un rire spontané les saillies échappées à quelqu'un de ces espiègles qui aiment à s'approcher de lui. Qui ne le voit encore s'avancer dans les cours, à pas mesurés et d'une humeur toujours égale, comme un homme qui agit sans fantaisie et qui, en tout, ne consulte que la raison et la vertu? Ces qualités impriment à sa personne une dignité pleine de charmes.

Aussi, quels admirables fruits de salut n'a-t-il pas produits dans les jeunes âmes qui lui sont confiées ! Il faut le suivre d'abord au milieu des enfants qu'il prépare à la première communion. Il se plaît à les voir souvent pour purifier leur âme par des confessions fréquentes, pour déposer la bonne semence dans leurs cœurs, pour y enraciner fortement les habitudes du bien, persuadé que leur avenir religieux tout entier dépend de cette première culture. Mais, à mesure que le grand jour approche, il ne se préoccupe plus d'autre chose ; dans ses entretiens et dans ses lettres, il n'est plus question que de ces chers enfants ; il se fait tout à tous ; il les corrige, leur multiplie et conseils et réprimandes, les presse de plus en plus, jouit et souffre de leurs plaisirs et de leurs peines ; en un mot, il s'identifie avec eux pour leur inspirer la piété et la ferveur dont il est lui-même embrasé. Combien de prêtres ont senti, au contact de cette âme si pure et si chaude, se développer en eux les germes de leur sainte vocation ! Combien de chrétiens, vivant aujourd'hui dans le monde, ont reçu, en ces jours bénis, cette première impulsion vers le bien qui engage définitivement dans la voie de la vertu et dans la pratique de la religion ! Aussi, y a-t-il peu de maîtres qui aient été plus tendrement aimés que M. Boubée. On a bien pu le constater à sa cinquantaine de professorat, où l'un de ces enfants de la première communion, alors élève de rhétorique, interpréta dans une pièce de vers les sentiments de tous ses camarades. Qu'on nous pardonne de citer ces passages d'une si touchante naïveté :

.... C'est lui qui nous apprit
A prier le bon Dieu, qui mit dans notre esprit
Les plus saintes vertus qu'en nous le Seigneur aime :
L'amour, la pureté ; c'est cet ange lui-même
Qui, depuis de long jours, formant nos cœurs pieux,
S'efforça d'élever notre âme vers les cieux.

Le jeune poète promet de ne jamais oublier le protecteur de son enfance, et, si jamais il tombe dans le mal, il se souviendra de l'ange de sa première communion, et il s'écriera en versant des larmes :

Qu'ils furent beaux, ces jours, ces jours remplis de charmes,
Où, tout petits encor, confiants et sans peur,
Nous nous pressions auprès de notre bon pasteur,
Lorsque sa douce voix nous rassemblait en foule
Auprès de lui, pareils aux petits de la poule
Que les cris de la mère amènent près du nid !

L'âme des enfants au premier âge, Messieurs, est comme une cire molle qui reçoit facilement toutes les impressions et qu'on peut façonner à son gré. Mais la direction à donner aux jeunes gens est chose plus ardue et plus périlleuse. On doit, avant tout, tenir compte des conditions de cet âge. L'adolescent se porte vers les objets qu'il convoite avec une violence comparable à celle du feu ; il est irréfléchi, rebelle au joug, agité par la passion et dominé par le caprice. Or, il ne faut rien moins qu'une autorité morale incontestée pour dompter ces forces vives, et il n'est donné qu'à une âme remplie de l'esprit de Dieu de commander au nom du Ciel. Cet âge a aussi ses moments critiques. La sensibilité y prend un excessif développement ; de là un indéfinissable malaise, une vague tristesse, une sourde irritation qui éclate en froissements pénibles dans les rapports de chaque instant avec les maîtres chargés de la discipline. M. l'abbé Boubée connaissait à merveille ces états de souffrance, et il ne s'étonnait d'aucune incartade.

Personne n'a possédé mieux que lui l'art d'écouter les plaintes, de dissiper les malentendus, de calmer les rancunes, de ramener la paix au milieu du trouble, en éveillant au fond du cœur, par quelque parole amie, des sentiments de foi et de piété. « Je n'ai jamais vu, disait naguère un maître expérimenté, un élève entrer chez M. Boubée sans en revenir meilleur. » Il était en effet si compatissant, si charitable, si paternel, que les écoliers récalcitrants le considéraient comme leur dernier refuge, et que, dans les moments de belle humeur, ils le désignaient sous le nom significatif de *Refugium peccatorum.*

Combattre chez les jeunes gens les entrainements de la nature et les mettre en garde contre les défauts du caractère, c'est là, messieurs, une des premières fonctions d'un bon directeur. Mais il faut encore cultiver ces jeunes plantes, leur donner la rosée du matin, la pluie vivifiante du printemps, le chaud soleil de l'été, si l'on veut qu'elles portent des fruits savoureux. Or, si l'on considère que dans un Petit-Séminaire il y a des élèves qui seront un jour prêtres de Jésus-Christ, quels soins attentifs ne doit-on pas apporter à la formation de leur âme, avec quelle sollicitude ne doit-on pas veiller à la garde de cet incomparable trésor de la vocation sacerdotale ! C'est avec ceux-là surtout que M. Boubée redoublait de zèle. Il les attirait, pour les avoir plus immédiatement sous la main, dans la congrégation des Saints-Anges et dans celle de la Sainte-Vierge ; il y traitait, dans des causeries intimes, des sujets qui leur convenaient le mieux, soit de la nécessité de travailler à la sanctification de son âme, soit du bon emploi du temps, soit de la vocation, de la prière, de la parole de Dieu. L'autorité qu'il exerçait sur ces pieux élèves était telle que l'un d'eux, un saint à la manière de saint Louis de Gonzague, écrivait pendant les vacances de 1858 à un de ses condisciples : « M. Boubée juge à propos que je renonce à mon projet ; il est pour moi l'oracle de Dieu. Dieu a parlé ; il me faut obéir. » Et plus tard il écrivait encore : « Il me tarde bien de voir M. Boubée ; il me semble ici que je ne me confesse pas. » S'il nous était permis de citer quelques passages de ses entretiens, nous pourrions admirer la précision, la force et souvent la délicatesse avec laquelle cet homme, qui ne parlait guère, savait, devant cet auditoire choisi, exprimer ses pensées et rendre ses sentiments. Mais il aimait autant prêcher par l'exemple que par la parole, suivant ces recommandations de l'Apôtre : « En toutes choses, montrez-vous le modèle de vos enfants ; qu'ils voient en vous l'exemple de la vertu, de l'intégrité parfaite, de la gravité irréprochable ; que votre enseignement, que vos paroles soient toujours d'accord avec vos œuvres, afin que vos disciples vous respectent et n'aient rien à dire de vous en mal. »

Telle est, Messieurs, la mission que M. l'abbé Boubée a remplie près des élèves. Mgr de Salinis, qui se proposait de récompenser ses mérites exceptionnels en lui donnant le titre de chanoine honoraire de la Métropole, ne voulut pas le nommer Supérieur du Petit-Séminaire, « pour ne pas, disait-il, enlever une mère à sa famille ». Dès lors, il s'attacha de plus en plus à ses fonctions de directeur, et il ne ménagea jamais ni son concours ni son dévouement à tous les Supérieurs qu'il a vus se succéder. De ce poste élevé, il veillait à la bonne conduite de la Maison ; il était de ceux que l'Ecriture appelle des sentinelles qui observent les actions de tous et examinent comment chacun se comporte, comme s'ils devaient rendre compte de leurs âmes : *Ipsi enim pervigilant quasi rationem pro animabus vestris reddituri.*

Il aimait surtout à s'entretenir avec les plus jeunes professeurs, pour les exhorter au travail ou pour leur inculquer les meilleurs moyens d'avancer le progrès de leurs élèves. Volontiers il leur citait les exemples des anciens maîtres, non pour obéir à cette tendance qui porte les vieillards à parler du temps passé, *laudator temporis acti,* mais parce qu'il était, par tempérament, homme de tradition, et qu'il tenait à conserver tout ce qu'il y avait de bon dans les vieux usages. Cependant il n'exagérait rien, et il adoptait même avec empressement les réformes soit dans les programmes, soit dans les méthodes, quand elles lui semblaient devoir contribuer au succès des études.

Il avait mis dans ses résolutions de descendre tous les jours dans les cours de récréation pour voir les surveillants, les éclairer sur leurs devoirs et les exciter à la patience dans l'accomplissement de leur ingrate besogne. Combien de blessures secrètes n'a-t-il pas guéries dans ces épanchements intimes ! Combien de malheureux écoliers n'a-t-il pas sauvés des légitimes poursuites d'un maître irrité ! Il était toujours d'avis qu'après la rigueur on essayât de l'indulgence, et il insinuait qu'un enfant réduit aux abois n'écoute plus ni la raison ni le sentiment : *cum in profundum venerit, contemnit.*

Dire qu'il ne rencontra jamais que des maîtres disposés à suivre ses conseils, ce serait sans doute une erreur. En effet, Messieurs, un surveillant a plus d'une heure pénible à passer dans la journée ; il a d'ailleurs tant de fois touché du doigt la mauvaise volonté de certains écoliers qu'à leur égard l'indulgence lui paraît être une répréhensible faiblesse. Un jour, l'un d'eux même s'est oublié jusqu'à répondre par une parole dure à la pacifique intervention de M. Boubée. De là, un dissentiment vivement exprimé de part et d'autre ; de là, une situation embarrassée entre le maître et le directeur. Qui fit le premier pas ? Hélas ! il faut l'avouer : ce ne fut pas le plus jeune. M. l'abbé Boubée, n'écoutant que son bon cœur et oubliant qu'il a les cheveux blancs, va trouver le surveillant dans sa chambre, se présente avec un sourire, lui tend les mains, l'embrasse, le presse sur son cœur et lui demande pardon de lui avoir fait de la peine. Rien ne résiste, Messieurs, à la bonté qui se donne avec tant de grâce ; on ne répond à des avances si généreuses que par le silence et par les larmes.

III

Nous n'avons vu jusqu'ici en M. Boubée que le professeur et le directeur. Ce sera pour nous un grand sujet d'édification d'étudier encore en lui l'homme et surtout le prêtre. L'homme est de ceux qui aiment naturellement le bien et le font aimer par le seul attrait de l'exemple : accessible à tous, sincère, dévoué, charitable, toujours disposé à ne voir que le côté favorable des hommes et des choses, il a pour caractère distinctif la bonté qui se plaît à se communiquer et l'indulgence qui incline au pardon. Aussi, Messieurs, a-t-il été recherché non-seulement de ses contemporains, mais encore des jeunes gens trop portés à s'écarter du pauvre vieil arbre que le vent d'automne a dépouillé de ses feuilles. Mais ici ils ne prenaient pas garde à l'immense disproportion d'âge qui les séparait du vieillard, tant il y avait de douceur dans son commerce et de charmes dans son amitié ! Avec cela, il était d'une constance à toute épreuve, et si ferme dans ses convictions qu'au milieu des changements de constitutions et de régimes, il est resté invariablement fidèle aux principes héréditaires de sa famille. La libéralité enfin n'était pas la moindre des qualités de son âme. Ménager de

son avoir et presque avare à son égard, il ne s'accordait rien au-delà du
nécessaire ; mais lorsqu'on lui signalait une bonne œuvre à soutenir ou
une misère à soulager, son cœur était prompt à s'émouvoir, sa main s'ou-
vrait aussitôt toute large et donnait sans mesure. Dans cette chapelle
même, les ornements de cet autel, cette tribune, cette chaire, tout enfin
témoigne bien haut de son inépuisable générosité. Il avait bien soin d'ailleurs de ne révéler à personne le secret de ses largesses ; mais Dieu qui
voit tout et qui ne laisse pas même un verre d'eau donné en son nom sans
récompense a déjà couronné de gloire son fidèle serviteur.

Le prêtre offre à notre admiration les vertus surnaturelles qui éclosent
et s'épanouissent avec un singulier éclat sur un fonds déjà si riche. Il
avait été formé, dès le Grand-Séminaire, à la piété et aux pratiques de
dévotion par un maître de la vie spirituelle, par M. l'abbé Chevalier, « qui,
d'après le P. Boubée, lui avait appris beaucoup, surtout à lire dans les
vies des Saints ». — « C'est lui, ajoute le R. Père, qui me fit lire la vie de
saint Ignace, et par ce moyen m'éclaira d'une manière décisive sur ma
vocation. » D'ailleurs, M. l'abbé Boubée lui-même a eu un goût très-mar-
qué pour la vie religieuse et particulièrement pour la Compagnie de Jésus.
« Depuis cinquante ans, écrivait-il en janvier 1882, ce goût n'a guère
changé ; seulement, ce que j'espérais devoir se réaliser un jour ne peut
plus être l'objet de mes désirs. » Cet attrait n'était pas une pure illusion ;
c'était l'essor d'une âme éprise de l'idéal divin et qui aspire aux sommets
de la perfection ; c'était l'expression d'un zèle qu'aucun obstacle ne sau-
rait arrêter et d'une ardeur que l'âge même n'a pu éteindre.

L'âme d'un prêtre est, selon l'expression des saintes Écritures, comme
une coupe d'or remplie de parfums spirituels, qu'elle exhale lorsqu'elle se
livre avec ferveur à la prière et à la pratique des œuvres saintes. La vie
chrétienne y produit sans effort, et comme en son domaine propre, la
fleur des plus belles vertus : la foi vive, l'amour de Dieu et le dévouement à Jésus-Christ. M. Boubée manifestait ces sentiments par un attache-
ment inviolable à l'Eglise et à son Chef suprême. Il se sentait porté comme
par une sorte d'instinct chrétien vers cette Rome qu'il avait visitée avec
tant de bonheur, et où il voulait, malgré ses quatre-vingt-deux ans,
revenir cette année pour s'associer aux magnifiques solennités du Jubilé
de Léon XIII. Un prêtre doit vivre d'adoration, de prière, de sacrifice ;
un prêtre doit être heureux de méditer la loi divine, de se prosterner au
pied des autels, de célébrer les fêtes, de chanter les louanges de Dieu. Or,
Messieurs, nul n'a été plus profondément pénétré de cet esprit que
M. l'abbé Boubée ; soit qu'il offrît le saint sacrifice de la messe, soit
qu'avec le Chapitre, dont il était membre titulaire depuis plus de huit
ans, il récitât l'office canonial, soit qu'il remplît à l'église quelqu'autre
fonction sacrée, il était difficile d'être animé d'une foi plus vive,
et d'accomplir de tels actes avec plus de piété et de recueillement.

Il suffit de parcourir les quelques notes intimes qu'il a laissées pour se
faire une idée des précautions qu'il prenait pour arriver à la pureté de
l'âme et au détachement parfait. Les moyens qu'il indique dans ses résolutions sont : l'examen de conscience plusieurs fois renouvelé dans la
même journée, la confession fréquente, la dévotion au Sacré-Cœur de
Jésus, la confiance en Marie, la mortification des passions et notamment
de l'amour-propre, enfin le renoncement à tout ce qui peut flatter les sens.

De telles pratiques mises en œuvre conduisent nécessairement à la sainteté.

Il aimait à revenir sur les principales époques de sa longue existence, pour avoir l'occasion de bénir Dieu en le remerciant des faveurs qu'il en avait reçues. Ainsi, chaque année, depuis sa cinquantaine célébrée en 1879, il faisait l'anniversaire de son entrée au Petit-Séminaire, et il se mettait dans les dispositions où il se trouvait en ce moment. « J'ai pris, dit-il dans ses notes, comme en 1829, la résolution de servir Dieu au milieu des enfants du Petit-Séminaire et de procurer sa gloire en travaillant à les sanctifier. » Son grand âge, dans ces dernières années, lui inspirait quelques craintes sur la manière dont il remplissait ses fonctions ; mais il n'écoutait que son zèle infatigable, s'en remettant pour tout le reste à la volonté de Dieu. Voici, en effet, Messieurs, ce qu'il écrivait, il y a peu de temps, au P. Boubée : « Malgré les difficultés que je puis éprouver dans mon emploi, je veux, avec humilité, me soumettre à la volonté de Dieu et ne pas me décourager, certain que je suis que Dieu ne regarde pas le succès, mais la bonne volonté. » Il voulut également faire, les 17 et 18 juillet 1881, la cinquantaine de sa prêtrise et de sa première messe. Rien n'est plus édifiant que les quelques lignes par lesquelles il exprime ses sentiments d'humilité et de reconnaissance envers Dieu : « Je me suis tenu, dit-il, dans le plus grand recueillement que j'ai pu. J'ai célébré le saint sacrifice pour moi, ces deux jours ; j'ai remercié le bon Dieu de toutes les grâces qu'il m'a accordées pendant cette longue carrière ; je lui ai fait amende honorable avec non moins de piété pour tous les péchés que j'ai commis et pour l'abus de tant de grâces ; je lui ai demandé instamment de me pardonner ces péchés et surtout de les effacer de mon cœur. » C'est dans ces fréquents retours sur le passé qu'il puisait des forces nouvelles et qu'il se retrempait dans les souvenirs de sa fervente jeunesse. Il avouait dans les épanchements de l'amitié qu'il ne pouvait, sans verser des larmes, penser aux bienfaits qu'il avait reçus de Dieu. « Ce retour sur mon âme et sur mon passé, disait-il, m'a sans doute bien humilié, mais il m'a aussi bien consolé. *Quid retribuam Domino pro omnibus quæ retribuit mihi !* »

Les âmes fortifiées par la piété, Messieurs, ne peuvent s'arrêter dans un repos d'ailleurs bien mérité ; il leur semble que l'ardeur qui les anime suffit à tout et que, du reste, elles n'ont jamais assez travaillé au service de Dieu. Le P. Boubée pressait son frère de se démettre, à cause de son âge avancé, d'une partie de son travail ; mais notre infatigable directeur lui répondit par ces belles paroles : « N'y a-t-il pas des curés plus âgés que moi et qui travaillent bien davantage ? Le travail conserve les forces de l'esprit, qui s'affaisse et s'éteint presque entièrement par le repos et le défaut d'exercice. N'avons-nous pas vu des hommes de lettres, des hommes politiques travailler jusqu'à l'extrême vieillesse ? Il est bon, d'ailleurs, de mourir à la peine ? »

M. le chanoine Boubée est, en réalité, mort à la peine. Comme un vaillant soldat, fidèle à son drapeau jusqu'au dernier soupir, il est mort pour ainsi dire sur le champ de bataille, foudroyé par un coup soudain. Il est mort au milieu de ses compagnons d'armes, entouré du Supérieur et des professeurs de la Maison, soutenu par leurs prières et fortifié par les derniers sacrements. Il est mort, par une grâce signalée de la Providence, sans avoir eu à compter avec la maladie, avec les défaillances de la nature

humaine, avec les terribles angoisses de l'agonie. Il est mort, enfin, sans
avoir été obligé de rien changer jusqu'à l'heure suprême à ses occupations
habituelles. En effet, Messieurs, le soir du 25 novembre dernier, il ache-
vait la lecture d'un livre d'entomologie qui lui avait fait revivre les années
lointaines de sa jeunesse, éveillant au fond de son âme le souvenir char-
mant de ses excursions scientifiques. Il se sent ce soir-là si heureux qu'il
appelle près de lui le jeune maître qui, depuis quelque temps, le suppléait
pour conduire les élèves de quatrième à la recherche des insectes. Il lui
semble que son ancienne vigueur renaît de ses cendres, et il forme des
projets d'avenir. Il fera au printemps prochain, avec ses jeunes amis, une
ample moisson de cétoines et de buprestes dorés ; il reviendra avec eux
à Mont-Roussin et à Claire-Fontaine ; il les réunira au bois d'Auch, où
l'on célèbrera dans une fête champêtre sa cinquantaine de professeur
d'entomologie. C'est, l'esprit rempli de ces rêves enchantés, qu'il accom-
plit ses exercices de dévotion. Il entonne ensuite un de ces cantiques à la
bonne Vierge qui lui font verser de douces larmes, et il se livre à son repos
accoutumé.

Le voyageur, qui gravit une montagne, ne s'éloigne qu'à regret des ver-
doyantes vallées dont les sinuosités se perdent dans le lointain. Il aime à
s'arrêter de temps en temps pour jeter un regard sur les riants paysages
qu'il laisse derrière lui, et, le cœur fortifié par chacune de ces haltes, il
reprend sa route avec moins de peine. Mais, au moment même où il
atteint les cimes les plus hautes, il aperçoit devant lui des régions inexplo-
rées, un ciel plus pur et des horizons plus beaux ; et ce spectacle sublime
transporte son âme de joie et d'admiration. Tel nous vîmes le bien-aimé
directeur que nous pleurons. Il était arrivé au point culminant de ces
pentes abruptes de la vie que tout homme est condamné à gravir. Il por-
tait avec bonheur ses regards en arrière, revenant par le souvenir sur ces
longues années consacrées au travail et au service de Dieu. Des sommets
où il est enfin parvenu, il découvre tout à coup dans un ciel nouveau les
premières lueurs d'une aurore inconnue et des horizons que ne voilent
jamais les ténèbres de la nuit. A cette vue, son âme frissonne, saisie d'un
saint enthousiasme, et, prenant son essor, elle s'élance vers ces rivages
fortunés où lui sourit le Dieu qu'elle a tant aimé sur la terre. Ainsi, Messieurs, revint au Seigneur l'âme si pieuse de celui qui fut en cette vie
mortelle Antoine-Hilarion Boubée, chanoine de la Métropole et directeur
du Petit-Séminaire.

Telle est la vie, telle est la mort de ceux qui s'exercent à la piété ; tout
y est uni et régulier, tout y est disposé suivant un plan providentiel où
se trouvent réalisées les promesses de la vie présente et celles de la vie
future. Il n'est certes pas nécessaire pour plaire à Dieu et mériter le Ciel
de faire des actions dignes de vivre dans la mémoire des hommes. Il suffit
pour cela de nous conformer à l'esprit de notre vocation, de marcher réso-
lûment dans notre voie et d'accomplir le bien, en quelque condition que
nous soyons placés ; car Dieu récompense toujours la bonne volonté.

Mais, Messieurs, c'est surtout à nous, qui sommes chargés de l'éduca-
tion des jeunes gens, que s'impose le devoir d'imiter la belle vie dont les
grandes lignes viennent d'être retracées. Puissions-nous donc, à l'exemple
de ce modèle, sanctifier nos labeurs par le dévouement, par la piété, par
la prière, par le détachement du péché, par l'amour pur et désintéressé de

Dieu ! Nous sommes des maîtres et, comme tels, nous devons à nos élèves la culture de l'esprit par l'enseignement des lettres et des sciences ; mais nous sommes aussi des prêtres et, comme tels, nous devons à nos enfants la formation morale par une action vraiment divine sur leur âme, par l'exemple du travail et de toutes les vertus chrétiennes. Ainsi seront continuées les saintes traditions de nos pères ; ainsi mériterons-nous, par une vie pieuse, que Dieu réalise pour nous les promesses de la vie présente et celles de la vie future ! Ainsi soit-il !

AUCH. — IMPRIMERIE AUSCITAINE, A. THIBAULT.